Parmi les compositions marquantes & de place, nous citerons deux sujets de la plus brillante touche, par Valerio Castelli; un autre, par Eustache Lesueur; différens portraits, par Rubens & Vandick; Pan & Syrinx, figures de grandeur naturelle, par J. Jordaens, &c. &c.

Les sujets flamands & paysages, en plus grand nombre, offriront divers articles précieux, par D. Teniers, Adrien Vandevelde, J. Wynants, N. Berghem, Jacques Ruysdael, Carel Dujardin, Van Bergen, Meurant, Verboom, Metzu, & autres. Quelques sujets français & modernes contribueront encore à former une exposition digne d'attirer le concours des enchérisseurs.

Le tout, au même propriétaire, composera deux séances également intéressantes, & rapidement suivies.

L'exposition aura lieu la veille & le

matin du jour de la vente, depuis 11 heures jufqu'à 2.

Les perfonnes qui voudroient nous charger de commiffions peuvent être affurées que nous remplirons leurs ordres avec prudence & fidélité; mais de toutes perfonnes connues pour ne mettre aucun retard dans le paiement, vu notre refponfabilité.

Tous les Tableaux décorés de belles bordures, font mefurés d'arrafement, & les lettres B. T. & C. à la fin de chaque article, indiquent ceux qui font peints fur bois, fur toile, ou fur cuivre.

CATALOGUE

D'UNE

BELLE COLLECTION

DE TABLEAUX

DES TROIS ÉCOLES,

Et autres Objets curieux;

DU CABINET DE M. ***;

Dont la Vente publique se fera, au plus offrant & dernier enchérisseur, le 28 Prairial an 5.e (16 Juin 1797, v. st.), & le jour suivant de relevée, rue du Bouloy, n.° 11, ancien hôtel Notre-Dame.

Cette Collection présentera en articles majeurs & de choix, diverses compositions par D. Teniers, & pastiches dans le genre italien; plusieurs paysages ornés d'animaux & figures, par Ad. Vandevelde, J. Wynants, Carel Dujardin, J. Ruysdael, N. Berghem, Guill. Meurant, Dirick. Van Bergen, Verboom, Craesbeck, &c. &c.; beaux portraits par Rubens & Vandick, sujets de caractère par Valerio Castelli, Eustache Lesueur, J. Jordaens, Séb. Bourdon; autres morceaux distingués, par Demarne, Joseph Vernet, H. Robert, &c.; peintures en émail & en miniatures, par Petitot & L. F. Hall, montées en médaillons sur des Tabatieres, Boîtes de vieux laque, Dessins de Bouchardon, &c. &c.

Le tout formera deux vacations curieuses & intéressantes, dont l'exposition publique aura lieu la veille & le matin du jour de la vente, depuis 11 h.^{res} jusqu'à 2 h.^{res}

SE DISTRIBUE A PARIS,

Chez { A.-J. PAILLET, M.^d de tous objets curieux, rue du Bouloy, n.° 11, ancien hôtel Notre-Dame.
M. LEJEUNE, huiss.^r-pris.^r, rue Guénégaud.

AN V.^e DE LA RÉPUBLIQUE.

AVIS.

Malgré la simplicité qui nous est imposée dans l'annonce & la vente du Cabinet de M. ***, nous ne nous croyons pas pour cela dispensés d'en présenter l'ensemble par un discours préliminaire très-succinct, mais assez précis pour en faire connoître aux amateurs le goût & les détails.

Après une suite intéressante de Tableaux fins & d'un bon choix, des écoles flamande & hollandaise, nous inviterons les curieux à ne pas négliger différens morceaux de caractères indispensables à la décoration du premier rang d'un cabinet, & avec d'autant plus de raison, quand il s'agit d'ouvrages renommés & de grands maîtres, dont l'authenticité ne laisse point de doute.

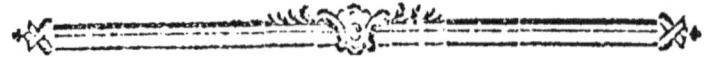

CATALOGUE

D'UNE

BELLE COLLECTION

DE TABLEAUX

DES TROIS ÉCOLES,

Et autres Objets curieux;

DU CABINET DE M. ***.

TABLEAUX

DES TROIS ÉCOLES.

SALVATOR ROSA.

N.º 1.er Un groupe de cinq personnages sous le costume de soldats romains, étude touchée avec énergie, & dans le ton de couleur vigoureux ordinaire à ce maître. — Haut.r 24 po. larg.r 17. T.

Valerio Castelli.

2. Deux tableaux de la plus brillante touche, & d'une grande force de couleur; l'un représente Moyse retiré des eaux, & présenté à la fille de Pharaon; l'autre, Loth & ses filles. Ces deux morceaux, renommés dans la curiosité, proviennent de la magnifique & considérable collection du feu prince de Conti. — Haut.^{r} 40 po. larg.^{r} 60. T.

Carlette.

3. Jésus-Christ à table chez le Pharisien. Morceau capital & d'une belle exécution, offrant une des plus marquantes compositions de *Paul Véronèse*. — H.^{r} 28 po. larg.^{r} 52. T.

Eust. Lesueur.

4. Un tableau d'un beau faire, & digne de son auteur. Il représente un sujet de religion; dans le milieu d'un paysage, se voit une Sainte prosternée les bras étendus & le regard élevé vers le ciel, à l'apparition de deux Anges, dont un porte une corbeille de fleurs. Ce morceau, de haute curiosité, nous paroît digne de faire l'ornement des plus belles galeries. Il est noté dans plusieurs ouvrages sur les arts, comme une des productions distinguées de *Lesueur*. — H.^{r} 44 pouces, larg.^{r} 48. T.

Stella.

5. Un tableau de mérite, & touché avec la plus parfaite intelligence, offrant le sujet de la Présentation au Temple. — Haut.^{r} 26 pouces, larg.^{r} 19. B.

Sébastien Bourdon.

6. Un tableau sujet de l'Adoration des Mages, composition de quatorze figures d'environ douze pouces de proportion. Ce morceau, d'une magnifique ordonnance, est aussi de la plus admirable exécution,

& de cette harmonie fuave qui caractérife les plus beaux ouvrages du Bourdon. — Haut.r 24 pouces, larg.r 35 po. T.

PAR LE MÊME.

6 *bis*. Un petit tableau, efquiffe repréfentant un fujet de Sainte-Famille. — Haut.r 7 po. larg.r 9. T.

J. RAOUX.

7. Un tableau très-gracieux par le fujet, & du ton de couleur le plus fin & le plus harmonieux, offrant un repos de Diane accompagnée de fes nymphes, qui s'amufent à fe baigner dans un lieu champêtre & agréable. — Haut.r 30 po. larg.r 24. T.

J. VERNET.

8. Le point de vue d'un payfage & rivière, pris à l'effet du foleil couchant; le premier plan eft orné d'une figure de foldat, dans le coftume des anciens Romains, appuyée contre un arbre tortueux; on voit encore fur la droite du fujet, un homme qui pêche à la ligne. — H.r 9 po. ½, larg.r 13 po. C.

HUBERT ROBERT.

9. Deux tableaux très-agréables, & de cette touche facile & de goût ordinaire dans les ouvrages de cet artifte. L'un repréfente le point de vue d'un parc, avec jet-d'eau, ftatues & figures; l'autre, une grande partie de fabriques & ruines, avec cafcades au travers d'une porte. — Haut.r 29 po. larg.r 24. T.

DE MARNE.

10. Un beau point de vue de payfage, d'un fite montagneux, dont le premier plan eft orné d'une famille villageoife dans un chariot, & fuivie de deux belles vaches & un mouton. Ce tableau préfente un des ouvrages marquans & très-étudié de cet artifte. — Haut.r 30 po. larg.r 42 po. T.

Par le même.

11. Un autre beau tableau pouvant fervir de pendant au précédent, & repréfentant un fujet de bataille. — Même proportion. T.

Par le même.

12. Quatre tableaux de payfages, offrant différens points de vues agréables, & caractérifant les heures du jour. Cet article mérite, par fon enfemble & fon exécution, l'attention des amateurs. — H.^{r} 17 po. larg.^{r} 20 po. T.

Par le même.

13. Un autre joli tableau de payfage, anciennement fait par cet habile peintre. — H.^{r} 12 po. larg.^{r} 16. T.

P. P. Rubens.

14. Le portrait d'une belle femme, de carnation blonde, & accompagnée d'un enfant de la plus gracieufe figure. Cette perfonne de diftinction eft repréfentée affife & vue jufqu'aux genoux, de proportion naturelle, dans le plus riche coftume du temps, & ajuftée d'une haute fraife; une draperie rouge, hardiment placée pour fervir de fond à la tête, contribue à faire reffortir la fraîcheur & la fineffe des teintes. Ce beau morceau, provenant d'une des premières ventes de Londres, eft paffé dans le riche magafin de Doujeux. Voyez fon catalogue. — Haut.^{r} 40 po. larg.^{r} 31 po. B.

Ant. Vandick.

15. Un portrait d'homme d'une vérité frappante, & de la plus brillante carnation; il a la tête tournée de trois quarts, coiffé de cheveux noirs, portant des mouftaches, & une petite barbe qui fe détache fur une fraife de batifte, dans le coftume du temps. Nous invitons les amateurs & les artiftes à s'arrêter

à cette magnifique & savante étude. — H.r 18 po. larg.r 16 pouces. T.

J. JORDAENS.

16. Un magnifique tableau de place, de l'exécution la plus hardie, & de la plus étonnante couleur; les figures, de grandeur naturelle, représentent le sujet de Pan & de Syrinx. On a recueilli, dans les différentes anecdotes de la vie de ce grand coloriste, que ce morceau ne lui avoit coûté que cinq jours de travail. — Haut.r 64 po. larg.r 50 po. T.

D. TENIERS.

17. Les cinq sens, représentés dans cinq tableaux, composés chacun de deux figures, avec les divers attributs qui les caractérisent. Cet article majeur dans son genre, offre toute la perfection des plus beaux ouvrages de Teniers, par le brillant de la couleur & la touche la plus précise. Ils ont toujours été suivis avec succès dans les grandes ventes où les circonstances les ont fait passer. — Haut.r 8 po. larg.r 6 pouces. C.

PAR LE MÊME.

18. Un autre tableau encore de la touche hardie & savante de Teniers, offrant une vieille femme assise tenant son chien sur elle, & de la main gauche un œillet, caractérisant l'odorat. — H.r 9 po. larg.r 8.

PAR LE MÊME.

19. Andromède représentée nue & attachée au rocher sur le bord de la mer, dans le moment où Persée vient la délivrer des fureurs du monstre. Ce morceau est une des plus curieuses pastiches de cet artiste, dans le genre italien. — Haut.r 20 po. larg.r 30. B.

PAR LE MÊME.

20. Deux autres tableaux, également à l'imitation des maîtres italiens; l'un est le sujet d'Abigaïl; l'autre une Annonciation. — Haut.r 8 po. larg.r 6. C.

PAR LE MÊME.

21. Un tableau d'une touche facile, offrant un déjeûné flamand, composition de quatre figures dans un intérieur de chambre rustique. On croit ce joli sujet gravé sous le titre de Mangeurs de jambon. — H.^{r} 9 po larg.^{r} 12. B.

PAR LE MÊME.

22. Le portrait de Craesbeck. Il est représenté devant son chevalet, & occupé à peindre. Ce morceau, d'une touche ferme, est de même proportion que celui du n.° 18.

N. BERGHEM.

23. Le point de vue d'un port de mer, dont le premier plan est enrichi de divers personnages & animaux; on y distingue dans le principal groupe, une dame à cheval, qui tient un oiseau sur son poing, & parle à un homme vêtu dans le costume du Levant; de hautes montagnes, & un ciel admirablement nuagé, servent de fond à ce tableau, qui peut être annoncé comme étant de la brillante touche de N. Berghem, & dont les ouvrages de choix sont aujourd'hui d'une grande rareté. — Haut.^{r} 12 po. larg.^{r} 16 pouces. B.

PAR LE MÊME.

24. Un autre tableau encore du bon temps de cet artiste, & connu sous le titre du Retour du Laboureur; près d'une voûte pittoresque, on voit un paysan qui se dispose à dételer un cheval blanc de la charrue; quelques autres figures & accessoires contribuent à présenter un ouvrage intéressant & de la belle touche des Berghem. — Haut.^{r} 11 po. larg.^{r} 9. B.

J. RUISDAEL.

25. Un point de vue de paysage & d'une écluse pittoresque, construite dans le milieu d'un canal, & richement garnie d'arbres sur différens plans, qui se

détachent fur un fond de ciel clair & bien nuagé. Ce morceau, d'un beau choix parmi les ouvrages nombreux de Ruyfdael, offre l'imitation la plus vraie de la nature. — Haut.^{r} 15 po. larg.^{r} 17. B.

PAR LE MÊME.

26. Un autre tableau fait au premier coup, offrant une vue d'un payfage pittorefque, mêlé de quelques baraques conftruites en planches. — Haut.^{r} 12 po. larg.^{r} 15 po. B.

CAREL DUJARDIN.

27. La Sainte-Famille fuyant en Egypte, compofition fimple & naturelle, repréfentée dans un payfage de fite montagneux, dont les devans font baignés d'un lac que traverfent la Vierge, Jofeph & l'Enfant, accompagnés de trois moutons, & un âne chargé de deux paniers; un ciel afuré, enrichi de nuages brillans, fert de fond à ce tableau, qui a toujours tenu un rang diftingué dans la curiofité. Nous croyons devoir l'annoncer comme un morceau digne de l'attention des curieux. — Haut.^{r} 21 pouces, largeur 18 pouces. T.

AD. VAN DEN WELDE.

28. Un beau fite de payfage, dont le premier plan eft occupé par une mare où fe rafraîchiffent deux vaches, quelques moutons & des chèvres; au pied d'un groupe d'arbres fur la droite, & dans un effet de demi-teinte admirable, on voit encore un pâtre qui caufe avec une femme à cheval; le fond fe termine par un lointain de montagnes qui fe détachent fur un ciel frais & heureufement nuagé. Ce tableau, du fini le plus précieux, eft auffi d'une qualité rare, & de cette confervation recherchée par les amateurs qui ne defirent poffèder que le vrai beau. — Haut.^{r} 11 po. larg.^{r} 15. T.

PAR LE MÊME.

29. Une étude précieufe & terminée de cet artifte fidèle

à l'imitation de la nature, offrant le sujet d'une brebis, un bélier & une chèvre, dans un fond de paysage de site montagneux. — Haut.^r 13 pouces, larg.^r 11 pouces. T.

PAR LE MÊME.

30. Un autre tableau, même proportion du précédent, représentant l'entrée d'une forêt, dont le premier plan est orné de divers animaux, parmi lesquels on distingue deux jeunes chevaux. T.

GABRIEL METZU.

31. Un petit tableau peu colorié, mais de la plus belle touche de Metzu. Il représente une dame hollandaise assise, & appuyée sur une table, lisant une lettre avec attention. — Haut.^r 8 po. larg.^r 6. B.

JEAN WYNANTS.

32. Un joli tableau de paysage, offrant une monticule de terrain sabloneux, entourée d'un canal; des arbres d'un feuillé léger se détachent admirablement sur un ciel clair, & du ton le plus argentin. — H.^r 11 po. larg.^r 15 po. B.

PAR LE MÊME.

33. Un bon tableau de paysage, pris dans un terrain sabloneux du bois de la Haie; vers la droite du sujet, est un chemin où passe un personnage à cheval, & parlant à un paysan accompagné de son chien. Ces figures, librement touchées, sont par *Lingelback*. — Haut.^r 20 po. larg.^r 27. T.

D. VAN BERGEN.

34. Un point de vue de paysage de site montagneux, orné de figures & divers animaux; on y distingue sur la gauche un fort taureau de couleur roussâtre, & la tête blanche, dans l'attitude de mugir; plus bas est une jeune paysane assise, qui tient un panier de fruits, & garde ses moutons; un ciel chaud & doré indique une belle soirée d'été. Ce morceau, du plus

beau choix, pourroit souffrir la comparaison avec les magnifiques ouvrages de Vandevelde. — Haut.ʳ 22 po. larg.ʳ 24 po. T.

PAR LE MÊME.

35. Un autre tableau de paysage, enrichi de divers animaux, parmi lesquels on distingue un taureau de couleur grisâtre, mêlée de taches blanches. Cet ouvrage est encore de la plus belle touche, & d'une parfaite harmonie de couleur. — Haut.ʳ 21 pouces, larg.ʳ 26 pouces. T.

GUILL. MEURANT.

36. Un tableau très-curieux dans son genre, & du détail le plus précieux; il représente le point de vue d'une métairie au bord d'un canal de Hollande. — Haut.ʳ 13 po. ½, larg.ʳ 18 po. T.

VAN HELMOND.

37. Le point de vue d'une grande place publique & d'un marché de toutes les sortes de volailles & de légumes, avec une quantité de personnages sous divers costumes. Ce morceau, très-amusant par la richesse des détails, présente un des plus grands ouvrages de cet artiste exact à l'imitation de la nature. — Haut.ʳ 30 pouces, larg.ʳ 44 pouces. T.

CRAESBECK.

38. Un groupe de trois personnages qui s'amusent à faire un concert entre eux; on y remarque un joueur de guitare dans le costume espagnol. Ce tableau très-plaisant, est d'une admirable harmonie de couleur. — Haut.ʳ & larg.ʳ 11 pouces ½. B.

PAR LE MÊME.

39. Un intérieur de chambre où l'on voit deux personnages hollandais, homme & femme, qui prennent une collation, & sont assis près d'une table ronde. — Haut.ʳ 13 pouces ½, larg.ʳ 12 pouces B.

VERBOOM.

40. Un point de vue de payſage & de l'entrée d'un bois, avec rivière & lointains agréables; ſur la partie droite, on remarque entr'autres figures une marchande de volaille qui conduit ſon âne. — Haut.ʳ 20 po. larg.ʳ 21 po. T.

École de PAUL POTTER.

41. Un très-bon tableau de payſage, dont le premier plan eſt enrichi de divers perſonnages; des chevaux & des chiens indiquent un retour de chaſſe. — H.ʳ 22 po. larg.ʳ 26. B.

École de MIERIS.

42. Un petit tableau d'un fini ſoigné, repréſentant le repos de Diane dans un payſage. — Haut.ʳ 6 po. larg.ʳ 4 po. ½. B.

TINKATZ, élève de DIETRICCI.

43. Deux tableaux de genre, d'un effet marquant, l'un repréſente trois garçons qui ſe repoſent auprès d'un feu; l'autre, un jeune payſan qui tient un flambeau allumé. Ces morceaux, librement exécutés, paroiſſent être de Tinkatz, allemand. — Haut.ʳ 18 pouces, larg.ʳ 14 pouces. T.

SUJETS DIVERS.

44. Jéſus-Chriſt allant au Calvaire, & portant ſa croix, compoſition de 11 figures de 10 pouces de proportion. Ce tableau tient au ſtyle & à la touche de *Ph. Laurri*. — Haut.ʳ 13 po. larg.ʳ 17. po. C.

45. Un bon tableau de payſage, dont le premier plan eſt enrichi de diverſes figures, ſujet d'un retour de chaſſe; on y diſtingue un homme monté ſur un cheval gris pommelé, & un autre perſonnage occupé

à remettre sa botte. Différens catalogues ont annoncé ce tableau sous le nom de *P. Potter*, à cause d'une imitation de la touche de ce grand artiste. — Haut.^r 19 po. larg.^r 23 po. B.

46. Un tableau de paysage avec figures & animaux, copie d'après *Berghem*.

47. Un autre tableau de paysage, maître inconnu, avec figures, sujet du Samaritain.

48. Le sujet de la Sainte-Famille, très-belle & ancienne copie, d'après *André del Sarto*.

49. Quatre autres tableaux, copies d'après *Vandick*, *Leguide*, &c.

50. Deux petits tableaux de paysage, d'une touche italienne; l'un est orné de figures dans le style de *Jean Bauth*.

51. Un buste d'homme vu de face, & dans l'expression du rire.

DESSINS SOUS VERRE.

52. Un beau dessin, projet de fontaine, fait à la sanguine, par *Bouchardon*.

53. Un autre précieux dessin par le même, projet d'un tombeau pour le cardinal Fleuri.

PEINTURES
En Émail & en Miniatures, montées en Bijoux.

54. Le portrait d'une belle femme, représentée de trois quarts, la poitrine découverte, & coiffée d'une

chevelure brune, ornée de perles. Ce morceau, d'un admirable fini, préfente un des ouvrages de choix du célèbre *Petitot*. Il provient de la vente faite après le décès de Duclos-Dufrenoy. Sa grandeur en ovale eft de 15 lignes fur 12. Médaillon précieux monté fur une tabatière.

55. Une boîte d'ivoire ornée d'un médaillon, portrait de femme, miniature mêlée de gouache, par *Hall*, & touchée avec le plus grand goût.

56. Une autre tabatière d'écaille fondue, également ornée d'un médaillon portrait d'une jolie femme, ayant une partie de la gorge découverte, auffi du pinceau agréable de *Hall*.

57. Un autre charmant portrait de Mme ***, monté fur une boîte d'écaille noire, par le même artifte.

58. Une belle tabatière quarrée en laque à fujets de magots & oifeaux de relief, dont la monture en or a été fupprimée.

59. Quelques tableaux ou autres objets qui auroient été omis, feront détaillés fous ce numéro.

SUPPLÉMENT.

CAREL DUJARDIN.

60. Un tableau de la plus belle touche de cet artiste, & l'un de ces ouvrages capitaux provenant du précieux cabinet de *Neuville* à Amsterdam. Il représente un point de vue de paysage d'un site montagneux, avec des arbres sur la droite, & quelques fabriques & lointains du côté opposé; le premier plan est richement garni de figures & divers animaux, formant le sujet le plus agréable & le plus naturel; dans le milieu, on remarque un paysan vû de face, coiffé d'un bonnet, & monté sur un mulet blanc, paroissant indiquer quelque chose de la main droite à deux garçons, dont un en veste rougeâtre, est dans le mouvement de monter en croupe sur un âne, pour rejoindre son camarade qui est vu par le dos, ajusté d'une peau d'agneau, & la tête couverte d'un chapeau gris; à la droite de ce charmant groupe, sont encore une vache, un mouton & un chien qui passent dans une marre; à gauche & sur le même plan, un âne, une brebis & une chèvre, dans un ton de demi-teinte admirable, contribuent à présenter un morceau du meilleur choix. L'effet indique une belle matinée d'été. — Haut.r 23 po. larg.r 20 po. T.

NOTA. — *Ce tableau & les trois suivans, nous ont été adressé de l'étranger, pour être livré publiquement au cours des enchéres, ce qui nous a déterminé à les anoncer à la suite du Cabinet de M. ***.*

MIERIS.

61. Un buste d'homme, représenté à mi-corps sous l'ajustement d'un matelot. Il est représenté de face,

coëffé d'un chapeau, orné d'une plume, & tenant de la main droite un grand verre à l'usage du vin du Rhin, & de l'autre une pipe. — Haut.^{r} 6 po. $\frac{1}{2}$, larg.^{r} 4 po. 9 lignes. B.

DEVRIÈS.

62. Un petit tableau de paysage, offrant le point de vue d'une forêt, morceau de peu de valeur, mais touché avec goût. — Haut.^{r} 14 po. larg.^{r} 10. B.

VANDER POEL.

63. Une vue de la mer & d'un rivage où des poissonniers sont occupés au clair de la lune. Petit tableau assez curieux dans son genre, par un effet juste & piquant. — Haut.^{r} 10 po. larg.^{r} 12. B.

---

64. Deux jolis tableaux de paysages & marines, par un artiste moderne, dans le style de *Van Goyen*.

De l'Imprimerie du JOURNAL DE PARIS, rue J. J. Rousseau, N° 14.

www.ingramcontent.com/pod-product-compliance
Lightning Source LLC
Chambersburg PA
CBHW051534240526
45471CB00019B/1399